AF338937

LE
TYRAN DÉCHU,

ou

LE NAPOLÉONISME RÉFUTÉ.

LE
TYRAN DÉCHU,

OU

LE NAPOLÉONISME RÉFUTÉ;

PAR A. C. A. ROUARGUE,
EX-OFFICIER.

> Son nom seul parmi nous divise les familles,
> Les époux, les parens, les mères et les filles.
>
> VOLT. le *Fanat.*

SECONDE ÉDITION,

PARIS,

CHEZ PLANCHER, RUE SERPENTE, N° 14;
ET DELAUNAY, LIBRAIRE, PALAIS ROYAL.

8 AOUT 1815.

LE NAPOLÉONISME

RÉFUTÉ.

En publiant cet opuscule, je n'ai d'autre intention que de chercher à faire tomber le bandeau qui fascine les yeux d'un petit nombre, à la vérité, de mes concitoyens, mais dont l'exaltation, vu les différens postes que plusieurs d'entr'eux occupent, soit en faisant partie de l'armée, soit en remplissant des fonctions civiles ou administratives, peut compromettre le salut de la nation et la sûreté individuelle de tous les Français.

La question que je vais traiter est celle-ci : *L'abdication conditionnelle de Napoléon était-elle admissible ?*

Pour décider affirmativement cette question, il faudrait auparavant prouver qu'il eut le droit de mettre des conditions à un acte qui est si loin d'être le résultat de sa volonté. Mais la conduite de Napoléon, depuis son retour de l'île d'Elbe, ne peut pas faire présumer qu'il n'a pris le parti de violer si ouvertement ses engagements envers les puissances alliées que dans la pensée de venir ressaisir un pouvoir auquel il avait renoncé purement et simplement, pour le transmettre immédiatement dans les mains impuissantes d'un enfant au berceau, ou dans celles d'une régence toujours dangereuse, pour ne pas dire funeste.

Voulant légitimer la violation de sa capitulation de Fontainebleau, Napoléon a prétendu que sa première abdication ne pouvait pas être regardée comme valable, attendu, a-t-il dit, que, tenant son sceptre de la nation, il ne devait le remettre qu'à la nation, et parce que le peuple français n'a point donné son adhésion à son acte d'abdication.

Mais Napoléon prend-il donc aussi pour un acte nul celui par lequel la même autorité qui l'avait investi du pouvoir l'en a déchu? Et cette déchéance ne suffisait-elle pas d'elle-même, sans qu'il fût besoin d'une abdication de sa part, pour qu'il se trouvât légalement dépouillé du manteau et de la couronne impériale?

Ignore-t-il les conditions attachées à l'élévation d'un roi ou d'un empereur constitutionnel à cette première dignité? N'est-ce pas à celles de gouverner d'après les lois et de maintenir l'intégrité du territoire? Napoléon avait manqué à ces conditions; il avait donc rompu le contrat, et la main qui lui avait conféré le pouvoir avait sans doute bien le droit de le lui reprendre, sans qu'il fût pour cela besoin de son consentement.

On objectera peut-être que cette déchéance ne put pas être le résultat du vœu libre du sénat, attendu qu'alors ses délibérations ayant eu lieu sous les baïonnettes étrangères, celle-ci lui fut arrachée par la violence.

Je me rendrais à ce raisonnement si la conduite de Napoléon me prouvait qu'il l'eût fait; car, si telle eût été son intention, en rentrant sur le territoire français, n'aurait-il pas dû, au lieu de s'investir de lui-même du pouvoir dictatorial, comme il l'a fait, convoquer une assemblée du sénat tel qu'il existait avant l'invasion, pour lui voir rapporter librement son sénatus-consulte de déchéance? Au moins c'eût été là une formalité. Mais existe-t-il un seul titre légal qui réhabilite, qui réintronise, qui reproclame enfin Napoléon empereur après son abdication et sa déchéance? Lui qui ose invoquer les formes, s'est-il donné la peine d'en faire usage de quelqu'une avant de ressaisir un sceptre qui lui était échappé, que dis-je! qu'il avait lui-même brisé de ses propres mains? car son devoir était de périr plutôt que de signer une abdication avec l'arrière-pensée de trahir la foi de son traité. Mais qui ne sait que le parjure est un des principaux éléments de la politique de cet homme, comme la mauvaise foi est le type de son caractère? Remarquons bien qu'il se fait tantôt empereur par son épée ou par la grâce de Dieu, tantôt par le vœu de la nation, selon que cela lui est utile pour appuyer ses insidieux arguments. Cependant de deux choses l'une : ou Napoléon a usurpé le pouvoir, ou ce pouvoir lui a été conféré par le peuple français. Dans le premier cas, on ne peut se refuser de prendre pour un acte de justice celui par lequel on lui arrache un pouvoir qui ne lui appartient pas. Dans le second cas, n'ayant pu conserver ce précieux dépôt, qui lui est arraché par les étrangers que ses entreprises ambitieuses ont amenés jusque sur son trône, n'est-il pas juste aussi que la nation, parvenant à le racheter par de grands sacrifices, puisse en disposer à son gré sans avoir besoin d'un acte de renonciation de la part de celui qui s'est rendu coupable en perdant l'état, et qui devrait plutôt courber sa tête sous le glaive, que de disputer un pouvoir qu'il s'est rendu si indigne d'exercer ?

Examinons maintenant ce qu'a fait Buonaparte pour parvenir à réunir sur sa tête et le titre d'empereur absolu, et celui d'empereur constitutionnel des Français ; car il les a vraiment possédés tous les deux, et tous les deux à la fois et l'un par l'autre. Nous pouvons, maintenant que nous sommes éclairés par une assez longue expérience, déchirer entièrement le voile qui dérobait aux yeux de beaucoup de monde le mécanisme qui a servi pour élever l'édifice monstrueux de la puissance Buonapartienne ; et, sans chercher à accuser les intentions de quelques hommes faibles qui peuvent avoir été enchaînés à sa cause par la juste crainte du retour des désordres, mettre en évidence et dans tout leur jour plusieurs des intrigues et des violences qu'ils ont laissé mettre en usage pour investir d'un pouvoir sans bornes l'homme qui se trouve aujourd'hui écrasé sous l'énorme poids de ses injustices et de son ambition.

Si Napoléon eût été vraiment l'homme national investi du pouvoir légal, il ne se fût pas jeté à corps perdu, comme il l'a fait, dans un dédale d'actes arbitraires, iniques, pour soustraire sa vie à des dangers que ses injustices multipliaient ou même fai-

saient naître seulement dans son imagination tourmentée. Il jugea
le caractère du Français d'après le sien propre; il le crut san-
guinaire et vindicatif, tandis qu'il n'est qu'impatient et généreux;
soumis à la puissance lorsqu'elle n'est pas tyrannique et qu'elle a
pour base la justice. Mais Napoléon, qui savait être un usurpateur, sentait qu'il ne pouvait jouir du repos qu'entouré d'une police nombreuse et dévouée, dont les vexations exercées généra-
lement sur toutes les classes de citoyens, rendaient insupportable
un joug imposé par un homme dont l'audace trompeuse avait été
d'abord prise pour un généreux et sincère dévouement à la cause
de la liberté, mais qui n'était réellement que celle d'un ambitieux
qui brûlait du coupable désir d'asservir une nation à qui il devait
son éducation et les talents militaires qu'il possédait. O vous,
amis intéressés ou non intéressés de Napoléon, vous ne pouvez
le nier sans trahir votre propre conscience : dites, n'a-t-il pas
usurpé l'empire, et ne s'est-il pas fait le véritable tyran de sa patrie adoptive? Il me semble vous voir prêts à me demander sur
qui Napoléon a pu exercer cette usurpation, la France, alors
qu'il prit les rênes de l'Etat, n'ayant point de maître; et vous,
francs royalistes, je crois vous entendre me souffler que c'est sur
Louis XVIII qu'il faut faire porter l'usurpation de Napoléon. Je
suis fâché, Messieurs, si je vous déplais en ne suivant pas ce conseil, ou en ne partageant pas vos avis, et voici comment je me
fonde : la révolution française a été générale, c'est-à-dire la nation toute entière l'a voulue, l'a opérée, et ne tarderait pas à
l'opérer encore si l'on tentait de la courber de nouveau sous le
joug de l'antique monarchie, de la monarchie absolue, traînant
avec elle ses moines, ses prêtres, ses nobles, et toutes les servitudes de l'hideuse féodalité, digne des siècles de barbarie. Cette
révolution avait pour objet de détruire des abus par lesquels deux
ordres privilégiés pompaient sans cesse et absorbaient les reve-
nus de l'Etat par mille petits canaux embranchés à celui qui
devait les porter dans la caisse royale, et qui, vu ces embran-
chements multipliés, n'y versait que peu ou point des nombreux

deniers qu'on prélevait de cent manières plus vexatoires et plus ruineuses les unes que les autres sur les peuples, de *par et pour le Roi*. Les Etats, assemblés par le roi lui-même pour obvier au moyen d'opérer cette grande et importante réformation, décidèrent de fondre tous les ordres en un seul qu'on appela la Nation, de répartir également la contribution en la graduant selon l'échelle des fortunes ou des propriétés : de là, la nécessité de changer la forme du pouvoir, afin que le chef de l'Etat ne soit pas exposé à encourir la haine d'aucune portion des peuples qu'il gouvernait, afin qu'il ne puisse favoriser une classe aux dépens d'une autre, et afin que toute la responsabilité de cet état de choses ne sorte pas de la nation elle-même, et que le roi ne soit que l'organe et l'exécuteur de la loi. C'était-là, et je pense que vous en conviendrez, le commencement du règne de la justice. Mais les parties qui se trouvaient lésées par ce nouvel ordre de choses, les nobles, les prêtres, s'agitèrent en cent façons ; Louis XVI, ce roi philosophe et essentiellement bon, mais malheureusement faible, manquait du caractère qu'il fallait pour en imposer à l'égoïsme de sa ci-devant noblesse, et plus encore à l'hypocrite et insatiable rapacité de la race en soutane, qui, dans tous les temps et dans tous les pays, fut la plus implacable ennemie de la tranquillité des peuples et des rois. Louis XVI se laissait entraîner à leurs insidieux conseils; la nation s'en irrita, surtout lorsque plusieurs démarches du roi débonnaire, suscitées par ces faux amis et par la reine sa femme firent craindre de lui voir laisser envahir son propre royaume par la puissance de qui la France avait depuis long-temps les plus justes raisons de se défier. Alors les Français de toutes les opinions, mais qui ne s'intéressaient qu'à leur patrie, se réunirent pour prévenir cet envahissement, qu'ils regardaient comme le plus grand des malheurs; de là, la déchéance du malheureux Louis et la proscription de la royauté en France, proscription que le vœu le plus général et le plus prononcé qui fût jamais, consacra à l'éternité, non pas en véritable haine pour la famille des Bourbons, mais par une nécessité bien reconnue, bien calculée, pour la sûreté et le repos de la France, et comme une sûre garantie du non-retour de la féodalité, de cette monstruosité politique qui est encore aujourd'hui et sera à jamais l'épouvantail de tous les Français agricoles.

Le gouvernement républicain diversement modifié avait succédé à la monarchie constitutionnelle. On ne peut mier l'enthousiasme avec lequel ce nouveau régime a été reçu de la France entière ; on ne peut nier les prodiges qu'il a enfantés dans toutes les parties des connaissances humaines : les exploits guerriers, les vertus civiles, le perfectionnement des arts, les précieuses découvertes, tout atteste que le génie républicain avait son domaine dans toutes les têtes, dans tous les cœurs français. Ce gouvernement, qui eut à combattre la coalition de tous les rois de l'Europe, les vainquit, déjoua leurs nombreuses entreprises hostiles et leurs complots ténébreux ; bientôt la république française, qui un moment avait été l'objet de leur dédain, fut par eux reconnue, respectée, admirée même, et plusieurs de ces rois se trouvèrent heureux lorsqu'ils purent enfin obtenir la faveur de notre alliance. L'on aurait donc grand tort d'accuser Napoléon d'être l'usurpateur du trône des Rois de France, trône qui fut véritablement détruit de fond en comble par la volonté de la nation, poussée à cette action, je le répète, par la nécessité de se garantir du retour d'un régime suranné, ainsi que de l'envahissement certain qu'appelaient imprudemment les partisans de l'ancien ordre de choses, et auquel le Roi lui-même, par une faiblesse qui dérivait de sa bonté irréfléchie, avait donné des marques non équivoques de consentement. Mais Buonaparte s'est fait l'usurpateur d'un pouvoir qui ne lui a jamais été conféré par la volonté de la nation ; il a usurpé ce pouvoir sur la république, qu'il avait juré de maintenir. Buonaparte s'est de lui-même investi d'une première dictature par un acte de violence qu'il a imité de Cromwel, et qui, pour l'honneur français, aurait dû trouver sa récompense dans une conduite tant

soit peu moins lâche que l'a été celle du Conseil des Cinq Cents.
Buonaparte établit le gouvernement consulaire, se nomma lui-
même Premier Consul, et s'attribua à lui seul toute la supré-
matie. Ses partisans d'alors étant la plupart militaires, et con-
séquemment disséminés et attachés à des corps non délibérants,
il pensa à se former un parti agissant et concentré dans l'autorité avec laquelle il correspondait le plus immédiatement. Il
nomma au Sénat ceux de ses amis sur lesquels il pouvait le plus
compter; il les combla d'honneurs et de richesses avec les deniers publics; et ces hommes, qui étaient par lui supposés avoir
la mission de conserver une constitution fallacieusement appe-
lée républicaine, qui en avaient fait les serments les plus solen-
nels, en devinrent les cruels exterminateurs, et gagnaient le vil
salaire que leur allouait le tyran, non-seulement en lui prodi-
guant leurs lâches complaisances dans la sanction de ses décrets
homicides, mais encore en allant au-devant de tout ce qui
pouvait flatter les passions ambitieuses du César français : de là,
le fameux Sénatus-consulte impudemment appelé *organique* de
la constitution, qui confia aux mains d'un Empereur le dépôt
sacré du gouvernement de la République, dépôt que s'appro-
pria bientôt l'audacieux usurpateur d'un titre et d'un pouvoir
qu'il arracha à la bassesse et à la plus insigne trahison. Car, en
suivant à la lettre les termes du Sénatus-consulte, de cette
œuvre insidieuse et diabolique inventée par l'astuce du génie
le plus infernal, ne trouve-t-on pas que son auteur Napoléon
ne tarda pas à lui donner une extension qui le fit sortir du cadre
où il semblait être renfermé par ces expressions : *Le gouvernement de la République est confié à un Empereur?* Est-ce là un
titre de propriété pour que le nouveau César ose prendre le
style vexatoire de ces Rois qui se disent créés par prédilection
pour être les maîtres de la terre? Quel est le Français qui ne
s'est pas senti profondément humilié et mû d'une forte indi-
gnation, lorsque pour la première fois il entendit l'homme
chargé des destinées de la République après avoir juré de con-
sacrer sa vie à la défense et au maintien de ses institutions, se

servir de ces expressions si bien démonstratives du régime de l'esclavage : *Mes peuples, mon empire, mes sujets, mes bonnes villes, etc. ?* Et c'est là l'homme de qui vous espérez encore aujourd'hui la garantie de vos libertés !! vous qu'il a plongés dans la plus basse des servitudes, vous de qui il a tant de fois bravé l'opinion, et à qui il a si hautement témoigné son mépris en vous disant en face qu'*il n'attendait son jugement que de la postérité*, et cela dans le temps le plus florissant de son affreux despotisme, en vous arrachant à la fois vos fortunes et vos enfants à mesure qu'ils quittaient le sein de leur mère, pour les envoyer porter le fer et la flamme chez des nations que nous avions eues toujours pour amies, ou pour y trouver une mort prématurée et toujours certaine, puisqu'aucun frein ne pouvait arrêter ses fureurs guerrières et dévastatrices ; vous de qui il comprimait jusqu'à la pensée en soldant une armée de plus de cent mille mouchards pour scruter vos moindres démarches, interpréter vos paroles les plus innocentes dans tous les lieux, sur tous les chemins, jusque dans votre foyer même, où vous n'osiez élever la voix de peur d'être entendus de votre voisin, tant vous saviez sa police inquisitoriale, active et répandue. Et c'est cet homme qui, venant de sacrifier encore impitoyablement un reste des plus braves des siens, ceux mêmes qui avaient voulu partager avec lui son exil, qui ont protégé sa rentrée sur un territoire que sa présence a de nouveau profané ; c'est cet homme qui, abandonnant avec sa lâcheté accoutumée un champ de bataille où gisent les derniers de ses plus dévoués soutiens, où il a perdu les dernières ressources que la nation la plus généreuse, mais la plus trompée sur son compte, avait encore laissées dans ses mains criminelles pour sauver au moins son indépendance comme nation ; c'est cet homme enfin, qui, forcé dans ses derniers retranchements, après avoir tout violé, jusqu'à sa propre conscience, pousse encore l'audace et l'impudeur jusqu'à réclamer des constitutions qu'il a mille fois foulées aux pieds. Je le demande : un tel homme peut-il être en droit de mettre aucune condition à une abdication qui lui est commandée , non pas comme on voudrait le faire croire, par les étrangers (quelque coupable qu'il fût envers eux , nous ne souffririons pas qu'il obéît à leur injonction), mais bien par un cri unanime de la nation qui est près d'expirer sous les coups provoqués par son plus cruel assassin ! Où est la mère, où est la famille de qui les sanglots ne s'élèvent pas en lui reprochant la mort d'un fils , d'un frère, d'un parent, sacrifiés impitoyablement à sa seule ambition ? Napoléon s'avoue donc lui-même le tyran de la nation , l'usurpateur du pouvoir, en abdiquant conditionnellement chez le peuple de qui il prétend en même temps tenir ce pouvoir. C'était à Fontainebleau qu'il devait mettre cette condition , lorsqu'il fit si lâchement sa première abdication sur le commandement qui lui en fut fait par les étrangers... Il ne le fit pas alors qu'il était de son honneur, et peut-être du salut de la France de le faire ; et cet homme à la fois lâche et insensé , qui prétend faire valoir des droits qu'il n'a jamais eus , qui les aurait perdus par le fait de notre envahissement dont lui seul est la cause , si la nation les lui avait donnés ; cet homme qui, voyant approcher sa perte , essaya de jouer le rôle d'hypocrite en feignant de reconnaître les droits de la nation lorsqu'il dit avec une pompeuse affectation que *les peuples ne sont pas faits pour les rois , mais bien les rois pour les peuples* ; cet homme , enfin , prétend disposer de la couronne qui lui a été confiée, et qui lui est ôtée par sa propre faute ! Non, Napoléon n'a pas le droit de mettre aucune condition à son abdication ; je dis plus , il n'a pas le droit même d'abdiquer. Encore une fois cette couronne est un dépôt qui lui a été ou qui est censé lui avoir été confié par la nation ; il ne peut disposer à son gré de cette couronne ; il doit , dans l'impossibilité où il est de la conserver , la remettre entre les mains de la nation.

Et vous, Représentants du Peuple, vous n'avez pas été indi-
gnés de vous voir imposer un maître par un homme dont l'audace
égale la lâcheté ! Celui à qui la force de l'opinion publique arrache un pouvoir dont il a abusé envers le monde entier, celui-là
qui se rend digne du dernier mépris en commettant la lâcheté de
survivre à cet affront; celui-là, dis-je, ose proclamer Napoléon II,
son fils, encore au berceau, pour votre maître ! et vous êtes
assez peu pénétrés de la dignité de votre caractère pour
vous oublier au point, non-seulement d'accepter ce maître
BAMBIN, mais encore de voter des remercîments au nom de la
Nation à celui qui se joue assez de votre faiblesse pour vous
l'imposer !! !!!

Je ne vous dirai pas comme Socrate, en parlant à ses disciples:
*Où est donc la vertu, si elle n'existe pas dans des hommes qui
se sont voués à la pratique de la sagesse?*... vous feriez croire
qu'elle a fui pour jamais l'espèce humaine......... Mais, je vous
dirai : Où est votre simple bon sens? où est votre patriotisme? où
est ce caractère d'hommes libres que la nation a le droit d'attendre
de vous qui êtes chargés de la défense de ses droits, de rectifier
les erreurs ou de réformer les abus qui dérivent des vices de ses
institutions encore imparfaites? Eh! croyez-vous donc ainsi désar-
mer les puissances ?... Croyez-vous appaiser les discordes civiles
et ramener l'union parmi nous avec une telle conduite? Ne savez-
vous pas que le nom de Napoléon est exécré de quiconque a des
entrailles, des neuf-dixièmes de la population de toute la terre,
et que votre adhésion à la condition de son abdication va rallumer
des torches qui se tenaient tranquilles un moment dans l'attente
de votre décision? ... La plupart des Français ont reconnu quelques fautes graves qu'ont fait commettre à Louis XVIII, pendant
les dix mois qu'il a exercé la puissance royale à Paris, plusieurs
des conseillers qui avaient poussé dans le précipice le trop malheureux Louis XVI. Il y a quelques jours seulement, plusieurs milliers
de Français se seraient joints à ceux qui sont maintenant sous les

armes, non pas dans l'intention de s'opposer entièrement à son retour, ses qualités personnelles lui avaient, à beaucoup d'égards, conquis presque tous les cœurs, mais pour obtenir, avant sa rentrée dans la capitale, une garantie solennelle et authentique d'une liberté sage, fondée sur les principes qui ont servi de bases à la belle constitution qu'avait acceptée, sanctionnée et juré de maintenir Louis XVI son prédécesseur et son frère; s'ils ont suspendu leur essor, c'est parce qu'ils avaient les yeux fixés sur votre attitude et qu'ils attendaient le résultat de vos délibérations. Représentants, vous avez prononcé contre l'espoir du peuple français; le nom de Napoléon subsiste encore; il est consacré même par votre décret, ce nom que la postérité, chez aucune nation du globe, ne prononcera sans éprouver un frémissement d'horreur.... Aussi chacun baisse les yeux.... garde un silence morne.... se retourne.... et attend avec douleur une invasion que ni le nombre, ni la valeur et le dévouement des plus valeureux soldats de la terre ne sauraient maintenant empêcher; l'Europe entière, ne croyant plus voir en nous qu'un amas de forcenés complices du dévastateur du monde, va fondre avec colère sur notre malheureuse patrie, victime du monstre des monstres, de celui qui n'eut jamais rien d'humain que le masque, et la punir ainsi de ses nombreux crimes, que votre incompréhensible conduite fait nécessairement rejaillir sur elle.... En vain cette fois Louis XVIII consterné voudra-t-il s'interposer entre nous et nos ennemis; lui-même, qui se croit appuyé par eux et remis en possession du trône de ses pères; lui-même, qui peut-être se flatte de sauver encore une fois le sol qui l'a vu naître et qui a flori sous le gouvernement de ses premiers ancêtres; lui-même, dis-je, comme Français illustre, aura-t-il à la fin la douleur de s'en voir séparé, banni même cette fois pour jamais par ceux qui se seront servis de lui comme principale clé pour s'ouvrir plus facilement les voies par lesquelles ils auront opéré leur envahissement.... Voilà pourtant des malheurs presque certains, et que le sacrifice, que dis-je! que votre simple renonciation même à un seul homme couvert de crimes, ainsi qu'à sa famille, plus malheureuse que coupable, pourrait prévenir et empêcher....

Représentants, le courage vous abandonne-t-il donc? La rage

des sicaires du tyran vous en impose-t-elle au point de vous faire tenir une coupable et honteuse réserve ? Si vous ne revenez bientôt sur une délibération qui est si peu d'accord avec les principes que vous professez , le salut de la patrie, qui est la première loi , commandera la violation de toutes les autres. Sachez qu'il n'est plus qu'un seul moyen de la sauver, cette belle patrie, au moins des mains des étrangers et de l'oppression des sicaires de son dernier tyran. Ouvrez le livre de la sagesse , lisez, et méditez quelques instans : « L'idole sur son piédestal en im- » pose toujours , et on la respecte ; l'idole tombée, tout tombe » avec elle, et le respect et le préjugé. »

O vous qui êtes spécialement chargés des destinées de la France, si vous hésitez d'apporter un remède énergique et prompt contre la maladie violente du corps politique, vous enfoncez le scalpel dans l'aorte; le sang va couler à grands flots, et bientôt la patrie blessée au cœur expirera en maudissant des enfants qui, loin de s'être occupés uniquement de son salut, ne se seront montrés que d'infâmes parricides.....

DE L'IMPRIMERIE DE MAD. Ve JEUNEHOMME,
rue Hautefeuille, n° 20.

www.ingramcontent.com/pod-product-compliance
Lightning Source LLC
Chambersburg PA
CBHW061151050726
47594CB00008B/3361